A SECRETARIA PAROQUIAL E SUAS FUNÇÕES

A SECRETARIA PAROQUIAL E SUAS FUNÇÕES

PE. JOSÉ CARLOS PEREIRA

Edições Loyola

Dados Internacionais de Catalogação na Publicação (CIP)
(Câmara Brasileira do Livro, SP, Brasil)

Pereira, José Carlos
   A secretaria paroquial e suas funções / José Carlos Pereira.
-- São Paulo, SP : Edições Loyola, 2022. -- (Enfoques e perspectivas pastorais)

   ISBN 978-65-5504-191-0

   1. Igreja Católica 2. Paróquias - Administração I. Título. II. Série.

22-115457   CDD-254.02

Índices para catálogo sistemático:
1. Paróquias : Igreja Católica : Administração   254.02

Eliete Marques da Silva - Bibliotecária - CRB-8/9380

Preparação: Silvana Cobucci Leite
Capa: Ronaldo Hideo Inoue
   Composição sobre a imagem de
   © shine.graphics | Adobe Stock.
Diagramação: Telma Custódio
Revisão: Maria Teresa Sampaio

Edições Loyola Jesuítas
Rua 1822 nº 341 – Ipiranga
04216-000 São Paulo, SP
T 55 11 3385 8500/8501, 2063 4275
editorial@loyola.com.br
vendas@loyola.com.br
www.loyola.com.br

Todos os direitos reservados. Nenhuma parte desta obra pode ser reproduzida ou transmitida por qualquer forma e/ou quaisquer meios (eletrônico ou mecânico, incluindo fotocópia e gravação) ou arquivada em qualquer sistema ou banco de dados sem permissão escrita da Editora.

ISBN 978-65-5504-191-0

© EDIÇÕES LOYOLA, São Paulo, Brasil, 2022

101251

"Há excesso de burocracia e falta de acolhida em muitas secretarias paroquiais"
(Documento 100, CNBB, n. 48)

SUMÁRIO

INTRODUÇÃO 9

CAPÍTULO I
SECRETARIA PAROQUIAL: ponto estratégico da gestão da paróquia 13

CAPÍTULO II
A PESSOA DO SECRETÁRIO OU SECRETÁRIA: agente estratégico
da gestão paroquial 21

CAPÍTULO III
DICAS GERAIS DE GESTÃO NA SECRETARIA PAROQUIAL 31
   a) Dicas para a gestão de finanças 32
   b) Dicas para a gestão de patrimônio 34
   c) Dicas para a gestão de pessoas 35
   d) Dicas para a gestão espiritual 37
   e) Dicas para a gestão pastoral 38
   f) Dicas para a gestão missionária 39
   g) Dicas para a gestão do tempo 40

CAPÍTULO IV
DICAS DE ORGANIZAÇÃO NA SECRETARIA PAROQUIAL 43

CAPÍTULO V
DICAS DE FORMAÇÃO PARA SECRETÁRIOS E SECRETÁRIAS 49

CAPÍTULO VI
DICAS PARA O BOM ATENDIMENTO E ACOLHIMENTO NA
SECRETARIA PAROQUIAL 55

CAPÍTULO VII
DICAS DE COMPORTAMENTO E POSTURAS QUE AJUDAM NO BOM ATENDIMENTO PAROQUIAL.. 59

CAPÍTULO VIII
DICAS DE CUIDADOS PESSOAIS AOS SECRETÁRIOS E SECRETÁRIAS... 67

CAPÍTULO IX
DICAS PARA A BOA COMUNICAÇÃO DE QUEM ATUA NO EXPEDIENTE PAROQUIAL.. 75

CONSIDERAÇÕES FINAIS 85
    Outras dicas importantes.. 90
    Dicas para secretários e secretárias paroquiais principiantes 91

SUGESTÕES BIBLIOGRÁFICAS DO AUTOR 95

INTRODUÇÃO

As secretárias e os secretários de nossas paróquias inegavelmente são colaboradores de suma importância na vida e missão da Igreja. O que seria de nós, párocos, se não fossem os trabalhos de vocês, secretárias e secretários, atendendo e encaminhando tantas ações, executando funções técnicas e ainda acolhendo com amor e dedicação as pessoas que chegam aos nossos expedientes paroquiais? Pensando nisso, preparei-lhes este subsídio, evidenciando as suas funções. Não que vocês não saibam quais são essas funções, mas para facilitar ainda mais os seus trabalhos, ou melhor, a sua missão, porque uma pessoa que colabora na secretaria paroquial tem mais que uma função, ela tem uma missão, e a principal é fazer com que o atendimento seja tão bom que se transforme em acolhimento, e o acolhimento leve a pessoa a ter uma boa imagem da Igreja. Um dos desafios das secretárias e dos secretários é fazer com que funções aparentemente técnicas se transformem em ações missionárias.

Não é exagero reforçar e reafirmar a ideia que já virou um chavão: a secretaria paroquial é o *cartão de visita da paróquia*. Ela de fato é! A secretaria é o espaço que se apresenta em primeiro lugar no conjunto da paróquia, como empresa do terceiro setor e como Igreja. Cuidar desse espaço e de quem nele trabalha é fundamental para uma boa imagem da paróquia.

É claro que não estamos falando apenas de aparências, mas também de funcionalidade e eficácia, e, sobretudo, de *acolhimento*, pois boa parte daqueles que procuram nossas paróquias geralmente passa primeiro pela secretaria ou pelo expediente paroquial. Acolher bem quem vem a esse espaço medular da paróquia é mostrar que toda a paróquia acolhe bem. Desse modo, a responsabilidade recai sobre a pessoa dos secretários ou secretárias que nela atuam, e também sobre a pessoa do padre responsável pela paróquia.

Transformar a secretaria paroquial num espaço acolhedor, portanto, é a finalidade deste subsídio. Para tanto, precisamos cuidar também das pessoas que ali atuam. O objetivo deste subsídio é apresentar dicas que ajudem os secretários e secretárias a acolher melhor e, assim, revelar o rosto de uma paróquia renovada no seu ardor missionário, como pedem os documentos da Igreja e o Papa Francisco ao dizer que nosso povo batizado não sente que pertence à Igreja porque nela existe um clima pouco acolhedor (cf. *Evangelii Gaudium*, n. 63).

Diante disso, pensamos este subsídio como um elenco de dicas práticas, começando com o destaque da secretaria paroquial como ponto estratégico da paróquia, que, portanto, carece de cuidados especiais. Depois enfatizamos a pessoa do secretário ou secretária como agente estratégico que possibilita esse acolhimento. Para tanto, oferecemos algumas dicas de gestão paroquial, pois direta ou indiretamente eles são gestores, uma vez que gerem pessoas, finanças, patrimônio, pastorais, espiritualidades, missão e o próprio tempo. Isso revela como é grande a responsabilidade dos secretários e secretárias.

Em seguida, apontamos uma sequência de dicas que perpassam cada uma dessas categorias de gestão, inclusive a gestão do tempo, algo muito importante para que os trabalhos deem resultado e sejam executados em tempo hábil.

Além dessas dicas, outras tantas são apresentadas, como, por exemplo, dicas para a organização dos espaços na secretaria paroquial; dicas de formação, atendimento, comportamento, cuidados pessoais, boa comunicação, entre outras. À primeira vista, tudo isso pode parecer irrelevante, mas não é. Todas essas situações formam um conjunto no interior do espaço da secretaria paroquial e descuidar de qualquer um desses detalhes é descuidar do essencial, o acolhimento, pois tudo isso interfere no acolhimento.

Vale lembrar ainda que há três tipos de atendimento, e todos eles podem resultar em acolhimento se forem bem aplicados. Essas três modalidades estão presentes na secretaria paroquial: o *atendimento direto*, o *atendimento indireto* e o *atendimento subliminar*. O atendimento direto é aquele dado no espaço físico da secretaria, presencialmente; o atendimento indireto é o dado por telefone, correspondências, meios eletrônicos (e-mail, redes sociais etc.); e o atendimento subliminar é aquele presente nesses dois primeiros, dado pelo olhar, pela postura, pelo tom de voz, pelas expressões corporais. Essas três modalidades de atendimento estão contempladas nas dicas aqui apresentadas.

Vejamos, portanto, cada uma dessas dicas. Você poderá acrescentar outras de acordo com a sua paróquia, ou mesmo suprimir as que não condizem com a sua realidade. Porém, cabe refletir sobre cada uma delas e se esforçar para colocá-las em prática. Agindo assim você contribuirá para a renovação de sua paróquia, para que ela esteja mais atenta ao acolhimento.

CAPÍTULO I

SECRETARIA PAROQUIAL: ponto estratégico da gestão da paróquia

Quando falamos de gestão paroquial não podemos nos esquecer daquele espaço onde se concentram os procedimentos elementares dessa categoria de gestão que é a *secretaria paroquial*. É daqui que parte a maioria dos procedimentos de gestão, e por essa razão esse espaço não pode ser negligenciado. A secretaria paroquial constitui, portanto, um ponto estratégico da gestão da paróquia.

Como tal, a secretaria da paróquia pode ser representada visualmente da seguinte maneira: um núcleo central, do qual emanam células que, por sua vez, se desdobram em outras células, formando assim o corpo da paróquia e suas funções, cuja finalidade é a evangelização.

```
        Gestão de
        finanças
           |
Gestão          Gestão de
espiritual      patrimônio
    \           /
     Secretaria
      paroquial
     /          \
Gestão          Gestão de
pastoral         pessoas
```

Nesse núcleo, a secretaria paroquial, se desenvolvem as ações, os procedimentos e os encaminhamentos dos elementos primordiais da gestão. Assim, nas células de gestão de finanças e de patrimônio, por exemplo, desenvolvem-se os setores contábeis, que lidam com os recursos da paróquia e gerenciam o seu patrimônio material e imaterial.

As células da gestão de pessoas e de pastoral lidam com gente, com vida, e tudo o que as envolve. Esse setor é talvez o mais delicado e o que merece atenção especial, embora muitos descuidem dele em detrimento dos demais. Nem sempre há essa preocupação, embora a Igreja hoje, sobretudo o Papa Francisco, insista no acolhimento e na humanização em nossos expedientes paroquiais.

O outro setor, ou célula, é o espiritual, estreitamente ligado ao pastoral e ao pessoal. Separamos esses setores apenas por questões didáticas. Gerir espiritualidades nem sempre é fácil, pois lidamos com o simbólico, o transcendente, algo não palpável, e nem sempre estamos preparados para tal gestão. Quando falamos de gerir espiritualidade lembramos que no expediente paroquial lidamos com diversos tipos de pessoas que têm diversos tipos de espiritualidades, diversas maneiras de manifestar a sua fé, e até mesmo diversas maneiras de crer. Acolher e respeitar a todos é fundamental, pois a espiritualidade é o que a pessoa tem de essencial na sua vida de fé, na sua relação com Deus. Não entender isso pode provocar situações danosas para a pessoa e para a própria comunidade paroquial.

Por outro lado, o espaço da secretaria paroquial é também um espaço técnico de trabalho, com arquivos, registros e inúmeras funções que integram o dia a dia de quem atua nesse ponto estratégico. Livros de registros, arquivos de documentos, formulários, ferramentas de trabalho, enfim, tudo o que está relacionado ao patrimônio, ao financeiro até ao espiritual, passa primeiro pela secretaria para depois ser encaminhado para outros setores ou instâncias.

No entanto, muitos dos documentos que envolvem a gestão nesse departamento ficam arquivados ali e precisam dos cuidados dos que foram contratados para essa função. Essa é uma das tantas razões para dar atenção especial à secretaria paroquial.

Mas não é só isso. Na secretaria paroquial ocorrem também procedimentos importantes na gestão de pessoas, na gestão pastoral, espiritual e missionária, que vão além da parte técnica e profissional. Se esse espaço não for visto como ponto estratégico, a paróquia como um todo será prejudicada e terá dificuldade de atingir seu fim último, a evangelização. Assim, chamo a atenção para o cuidado em todos os sentidos com esse ponto estratégico e com quem nele atua. Esse é o tema central que permeará todo este roteiro de dicas para os secretários e secretárias, que também são dicas para os padres, para que possam dar atenção especial para esse espaço e para aqueles que ali trabalham.

De antemão, quero lembrar que a secretaria paroquial deve funcionar como um escritório de uma empresa porque a paróquia é tida pelo governo como uma empresa do terceiro setor. O primeiro setor é o governo, com as suas empresas estatais; o segundo setor são as empresas privadas, particulares, com fins lucrativos; e o terceiro setor são as empresas filantrópicas, que não têm fins lucrativos e cujas atividades fins são sociais. Nesta última categoria se enquadram as paróquias. A matriz dessa empresa é a Mitra Diocesana, a cúria da Diocese. As paróquias são tidas como filiais dessa matriz. Desse modo, essas filiais precisam estar organizadas e sintonizadas de acordo com as orientações da Matriz. Ter essa visão empresarial é importante para desenvolver uma boa gestão da paróquia, e quem trabalha na secretaria ou no escritório da paróquia é um gestor e precisa ter essa noção básica para entender um pouco sobre as suas responsabilidades, porque a falta dessa noção leva a procedimentos que prejudicam toda a conjuntura da paróquia, enquanto filial da empresa Mitra Diocesana e até da própria Matriz. Essa visão empresarial da paróquia é necessária para ter responsabilidades fiscais e de administração de empresas, pois o governo exige isso de toda paróquia, e quem não seguir tais orientações estará sujeito a sanções, a punições, que se configuram em multas e outros procedimentos. Enfim, sem esquecer a questão eclesiológica, não se pode negligenciar a questão empresarial, e nesse ponto as responsabilidades recaem sobre os que atuam no expediente, nessa área. Portanto, secretários e secretárias, vocês são funcionários em primeiro lugar e precisam ser bons funcionários porque essa "empresa" tem outras exigências além das aqui apontadas.

As outras exigências provêm de outros setores, que são o setor pastoral e espiritual. Por essa razão, além da boa gestão no que diz respeito às finanças e ao patrimônio, os secretários e secretárias precisam estar atentos à gestão de pessoas. Aqui a secretaria paroquial precisa ser diferente de outras empresas, uma vez que a gestão de pessoas nessa "empresa" não visa ao lucro que os funcionários podem dar à empresa, mas visa à vida, ao acolhimento, à caridade fraterna, ao amor ao próximo, enfim, à evangelização, que é o fim último dessa empresa do terceiro setor. Por esse motivo, cada pessoa que atua no expediente paroquial, na secretaria da paróquia, não pode perder de vista esse fim último que é a evangelização. Do contrário, a paróquia perde a sua razão de ser e de existir e se torna igual às outras empresas, descaracterizando-se no que tem de essencial. Portanto, tenha todo o cuidado para não fazer da paróquia apenas uma empresa, sem os elementos essenciais para a evangelização: o acolhimento e a formação espiritual.

Como esse espaço é um ponto estratégico na gestão eclesial, o acolhimento e a espiritualidade são fundamentais para quem trabalha nele. Atender bem, de modo que o atendimento se transforme em acolhimento, é mais que uma exigência, é uma necessidade para que a paróquia cumpra sua missão.

Para isso, a pessoa que atende precisa ver seu trabalho como uma missão e não como uma simples função a ser desempenhada. É fundamental que os atendentes paroquiais saibam que, embora sejam vistos como funcionários pelo governo, são missionários para a paróquia.

Nos últimos anos, desde a V Conferência (em Aparecida/SP), a Igreja tem reiterado que a paróquia deve ser mais missionária, formada por discípulos missionários, em missão permanente. Os secretários e secretárias precisam abraçar essa ideia, assimilar essa recomendação e ser os primeiros missionários nesse espaço onde se reflete a missionariedade da paróquia. Diante disso, recomenda-se que todo secretário paroquial saiba o que é ser missionário e se identifique como missionário. Para o governo nós mostramos o rosto empresarial da paróquia, mas precisamos mostrar para todos o nosso rosto missionário, e o rosto missionário da secretaria paroquial estará estampado no rosto de cada secretário, de cada secretária. Assumindo essa identidade missionária, a paróquia será gerida de modo missionário e não apenas de modo empresarial. O Papa Francisco alerta para que em nossas paróquias e secretarias paroquiais o aspecto empresarial não se sobreponha ao pastoral e missionário, ao dizer que, "em muitas partes, predomina mais o aspecto administrativo sobre o pastoral" (*Evangelii Gaudium*, n. 63). O administrativo precisa estar em função do pastoral e do missionário, pois essa é a razão de ser da paróquia. Quando o aspecto administrativo se sobrepõe ao pastoral e missionário, não estamos gerindo adequadamente a paróquia e temos de rever nossas ações, porque a paróquia que assim procede mostra que perdeu seu foco, que é a evangelização. É preciso lembrar que o aspecto pastoral e o missionário estão em função da evangelização, assim como o aspecto financeiro e patrimonial estão em função do aspecto pastoral e missionário. Quem atua na secretaria paroquial deve ter em mente essa categoria de gestão para transformar esse espaço num ponto estratégico para a verdadeira gestão eclesial. Isso envolve uma série de outros fatores, situações e procedimentos que, no decorrer deste subsídio, veremos em formas de dicas que ajudarão no aperfeiçoamento de quem atua na secretaria paroquial.

CAPÍTULO II

A PESSOA DO SECRETÁRIO OU SECRETÁRIA: agente estratégico da gestão paroquial

As orientações ou dicas deste capítulo não se destinam apenas aos secretários e secretárias, mas também aos padres, aos párocos. A recomendação é: invista na pessoa que atua na secretaria da sua paróquia; invista nos seus secretários e secretárias. Investir é prepará-los bem para as funções e para a missão; investir é oferecer condições para que eles se aperfeiçoem nas suas atividades e cresçam não apenas como profissionais, mas como pessoas, pois somente alguém esclarecido, bem preparado e que ama seu trabalho poderá exercer bem sua função a ponto de transformá-la numa missão.

Ao falar de investimentos, refiro-me ao sentido amplo do termo, lembrando que quem investe mostra ser um bom gestor, um bom administrador. Se queremos ter bons profissionais, não podemos esperar que esses profissionais surjam prontos, ou que venham preparados para a nossa paróquia. Toda empresa que se preza investe em seus funcionários, pois seus gestores sabem que funcionários bem preparados significam desenvolvimento da empresa, significam avanços, ganhos. Enfim, o sucesso de uma empresa depende em grande parte da capacitação de quem nela trabalha. Isso vale também para as empresas do terceiro setor, portanto, vale para a paróquia. É claro que não vamos investir nas pessoas visando ao lucro que elas podem trazer, e sim visando ao fim último de nossos empreendimentos: a evangelização. Quanto mais preparadas estiverem, mais e melhor contribuirão para o processo de evangelização promovido pela paróquia, que, como vimos, muitas vezes começa pelo expediente paroquial. Assim, é fundamental haver investimentos profissionais, espirituais e missionários nos secretários e secretárias de nossas paróquias.

No âmbito de sua formação, um bom quadro de investimentos engloba sete dimensões: formação profissional; formação humana; formação comunitária; formação espiritual; formação intelectual, formação pastoral e formação missionária, conforme expomos no organograma abaixo.

```
                    Formação
                   profissional
                   /          \
            Formação        Formação
            humana          comunitária
           /       \       /          \
   Formação   Formação  Formação   Formação
   espiritual intelectual pastoral  missionária
```

No tocante ao investimento profissional, possibilite que os secretários recebam treinamentos periódicos, nas áreas de: atendimento de pessoas; informática e internet; arquivos e livros de registros; sistema contábil e contabilidade; processo matrimonial, entre outros. Garanta que os secretários e secretárias façam um curso de secretariado, mesmo que técnico. Isso ajudará na parte prática e profissional desses agentes.

Na dimensão da formação humana, prepare-os para lidar com gente, para receber bem, para acolher bem, para lidar com situações de estresse e problemas que constantemente chegam até o expediente paroquial. Busque investir nos secretários e secretárias para torná-los mais sensíveis ao sofrimento dos seus semelhantes, de modo a ajudar de fato os que procuram nossas paróquias trazendo seus problemas e sofrimentos. Os primeiros que encontram são nossos secretários e secretárias que, portanto, precisam estar preparados para lidar com essas situações. Ainda em relação à formação humana, possibilite que os secretários e secretárias participem periodicamente de cursos nessa área. Podem ser cursos que ofereçam noções de psicologia, de atendimento ao público e de relacionamento humano, enfim, algo que os torne pessoas melhores, mais acolhedoras e mais eficientes naquilo que lhes é pedido na secretaria paroquial. Para tanto, convém flexibilizar os horários de trabalho para dar aos secretários e secretárias a possibilidade de estudar e participar mais das formações, de modo a se tornar ainda mais capacitados.

Na dimensão da formação comunitária, possibilite que os secretários e as secretárias participem da vida da comunidade paroquial. Fazer parte de uma comunidade e viver uma vida de comunidade ajudará a entender a paróquia como Comunidade de comunidades e, consequentemente, a lidar melhor com os problemas e situações decorrentes da vida comunitária. Assim, por exemplo, será possível conviver melhor com os agentes de pastoral que nem sempre têm a sabedoria necessária para lidar com os que trabalham no expediente paroquial, tratando-os como se fossem seus funcionários.

No que se refere à formação espiritual, possibilite que os secretários e secretárias participem de retiros, tenham uma vida de oração e prática espiritual, façam a leitura orante da Bíblia, exercitem leituras espirituais, tenham direção espiritual e participem assiduamente das Missas, entre outros procedimentos espirituais.

Sobre a formação intelectual, incentive-os a estudar, a fazer um curso universitário se ainda não tiverem feito, a ler diferentes tipos de livros, sobretudo livros de teologia, Ciências Humanas áreas afins, a participar de formação diocesana e paroquial, a estar sintonizados com a realidade e com situações que ajudem no exercício intelectual.

Na formação pastoral, estimule-os a participar das reuniões da paróquia e da diocese e a elaborar um relatório das experiências vividas em reuniões e formações, abordando o conteúdo de cada evento participado. Desse modo, eles poderão assimilar melhor o que viram e a se conscientizar da necessidade de participar ativamente desses momentos formativos. Além da formação promovida pela diocese, a paróquia deve promover formação específica, em áreas específicas, de acordo com a necessidade local, sobretudo formação pastoral. Incentive os secretários e secretárias a participar de alguma pastoral na paróquia, pois essa participação ajudará na compreensão conjuntural da paróquia. É importante que eles participem das reuniões do CPP (Conselho Paroquial de Pastoral).

Sobre a formação missionária, incentive-os a conhecer e a participar do Comipa (Conselho Missionário Paroquial). Além disso, ofereça subsídios sobre missão, como, por exemplo, os da CNBB e de Órgãos missionários, como os das POM (Pontifícias Obras Missionárias). Convém que os secretários e secretárias se envolvam com algum trabalho missionário na paróquia ou fora dela.

Enfim, se o secretário ou secretária já tiverem certa idade, estimule a reciclagem ou a formação permanente, de modo que acompanhem as demandas da atualidade, sobretudo no âmbito das tecnologias. Muitas vezes os secretários e secretárias são da época da máquina de escrever e do mimeógrafo e não se interessam por computação e pelas novas tecnologias da informática. Se esse for o caso de sua paróquia, incentive-os a participar de um curso de inclusão digital para que possam contribuir melhor com a paróquia e desempenhar com mais eficiência as funções que demandam esses recursos.

Todo esse empenho significa investimentos que não beneficiam apenas a pessoa, mas toda a paróquia e a comunidade paroquial, uma vez que paróquias que têm secretários e secretárias bem preparados evangelizam melhor e se desenvolvem mais nas suas ações pastorais e missionárias. Convém sempre lembrar que a parte técnica da evangelização pode fazer a diferença na conjuntura do trabalho missionário.

Por outro lado, os padres devem dar atenção especial à temática do investimento profissional e pessoal dos secretários e secretárias, mas estes também precisam querer crescer humana e profissionalmente; pois não basta apenas o padre ter esse objetivo, é preciso que aqueles também o tenham. Assim, se você é secretário ou secretária, mostre interesse, busque formação e aperfeiçoamento, procure aprender o que ainda não sabe e aperfeiçoe o que já sabe para poder servir melhor. Quando se é responsável e não há descuido com a formação, a paróquia avança, mesmo que o padre não se preocupe muito com essas questões.

A vida da paróquia fica muito comprometida quando os secretários e secretárias se acomodam, conformando-se com a própria formação. Quando isso ocorre, eles param de crescer humana e profissionalmente, empobrecendo a paróquia. Essa atitude gera desânimo e desencanto com o trabalho e com a Igreja, transformando aquele espaço que deveria ser o coração pulsante da paróquia num espaço sem vida, frio, onde se age mecanicamente, sem interesse e sem perspectiva de avanços e de crescimento. Já ouvi secretários e secretárias dizerem: "que futuro eu tenho na secretaria da paróquia? Aqui não há perspectiva de crescimento profissional". Se você pensa assim, ainda não entendeu o seu trabalho nem o que significa trabalhar num expediente paroquial. Ao contrário do que comumente se imagina, esse espaço possibilita crescimento se os que ali trabalham souberem aproveitar as oportunidades que ele oferece de crescimento humano, espiritual e profissional, tornando-lhes assim pessoas melhores e ótimos profissionais. No entanto, caso se acomode e não busque crescimento, a pessoa poderá ficar dez ou vinte anos ali e isso representará para ela perda de tempo, pois depende de nós o aproveitamento das oportunidades que a vida oferece, seja na secretaria da paróquia, seja em qualquer outro ambiente de trabalho. Um funcionário acomodado não crescerá em nenhuma empresa, mesmo que esteja trabalhando numa empresa que ofereça muitas oportunidades de crescimento profissional. O empenho pessoal é fundamental. Vale lembrar que os valores que se aprendem na Igreja são valores em todo e qualquer lugar, e qualquer empresa de qualquer outro setor saberá reconhecer isso não apenas pela carteira profissional ou pelo currículo, mas nas atitudes pessoais, pois quem trabalha na secretaria paroquial aprende a ser mais humano, mais sensível e acolhedor, características valorizadas em qualquer empresa. Além disso, há o crescimento espiritual, que não é mensurável, fazendo da pessoa alguém ímpar, com procedimentos e posturas que facilitarão seu convívio social, suas relações com Deus e com o próximo, tornando-se serena, equilibrada, ponderada, e isso não tem preço. Recomenda-se, portanto, que secretários e secretárias leiam mais, estudem mais, aproveitem cada oportunidade para seu crescimento pessoal e profissional. Façam de cada atendimento uma oportunidade de crescimento, lembrando-se de que cada pessoa com quem nos relacionamos tem algo a nos ensinar, mesmo que sejam coisas negativas, pois muita gente nos ensina como *não* devemos ser e como *não* devemos proceder. Até mesmo as experiências negativas são oportunidades de crescimento. Ao adotar essa visão das coisas, do seu trabalho e da sua missão, os secretários e secretárias crescem, tornando-se cada vez melhores, ajudando assim não apenas a si mesmos, mas também a paróquia, a comunidade paroquial, a sociedade e o mundo. Pequenos gestos fazem a diferença quando sabemos usá-los em benefício do bem comum.

Por esses motivos, o investimento na pessoa dos secretários tem grande valor e constitui um dos meios mais eficazes de crescimento. Convém que esse investimento seja discutido por eles juntamente com o padre responsável pela paróquia. O padre deve investir na sua formação nessa área do atendimento, pois também precisa estar preparado para atender, acolher e ajudar. Essa formação deve ser para todos e, ao demonstrar interesse em investir em seus secretários, o padre revela que também está investindo em si mesmo, pois somente quem tem essa visão de gestor consegue fazer um bom trabalho nessa área.

A seguir aponto algumas dicas que ajudarão na formação e no aperfeiçoamento dos secretários e secretárias e, consequentemente, na boa gestão da paróquia.

CAPÍTULO III
DICAS GERAIS DE GESTÃO NA SECRETARIA PAROQUIAL

Quem atua na secretaria paroquial é um gestor e por isso precisa ter noções básicas dos elementos que vai gerir e das diversas categorias de gestão. Ao falar de gestão, não nos referimos apenas à financeira e patrimonial, mas a todas as categorias de gestão que envolvem a secretaria de paróquia, além das já citadas gestões financeira e patrimonial, também a gestão de pessoas, a espiritual, a pastoral, a missionária e até mesmo a gestão do tempo, pois essa categoria determina a eficácia das ações dos gestores.

O objetivo neste capítulo é dar algumas dicas para essas várias categorias de gestão com as quais os secretários ou secretárias têm de lidar no seu dia a dia. Vejamos cada uma delas e o que se pode fazer para melhorar como gestor e, assim, gerir melhor as responsabilidades que passam pela secretaria paroquial.

A) DICAS PARA A GESTÃO DE FINANÇAS

Começamos pela gestão clássica, que é a de recursos financeiros. Os secretários e secretárias lidam com dinheiro no expediente paroquial e por isso precisam ter todo cuidado possível, pois o dinheiro que entra na paróquia pela secretaria paroquial ou por outros meios é dinheiro público, ou seja, é dinheiro da comunidade, e os que lidam com ele devem fazê-lo com o máximo de responsabilidade e transparência.

Que tipo de entradas financeiras podem passar pela secretaria paroquial? Geralmente por ali passa o dinheiro do dízimo, porque muitos que contribuem com o dízimo procuram a secretaria para dar a sua contribuição; o mesmo acontece com as doações. Pela secretaria passa também o pagamento de subsídios adquiridos pelos leigos e o dinheiro da venda de produtos, como livros, lembranças e outros objetos eventualmente comercializados pela secretaria paroquial. Além disso, por ali passa também o dinheiro de certidões, de taxas de casamentos e outros sacramentos (quando há taxas), bem como o pagamento de aluguéis da paróquia e de outras fontes que variam de acordo com a realidade de cada paróquia. Como proceder com o manuseio desses recursos financeiros?

Em primeiro lugar, registre por escrito tudo o que entrar. O dízimo, por exemplo, deve ter um sistema eletrônico de registro. Além disso, emita comprovantes assinados pela pessoa atendente, no caso o secretário ou a secretária, e pela pessoa que fez a contribuição. Esse comprovante é importante para que não paire dúvida sobre a contribuição. Faça o mesmo no caso de doações e emita um recibo, em duas vias. Há quem faça doações e não queira recibo, pois deseja anonimato. Mesmo neste caso, procure ser transparente e procure anotar de alguma forma quem doou, quanto doou e também a data da doação. Essas anotações contribuem para a transparência da ação. As doações que chegam à secretaria paroquial testam a boa índole dos secretários e secretárias, porque muitas vezes a pessoa que doa quer preservar seu anonimato, o que facilita eventuais desvios desse tipo de doação. Por essa razão, insista para que a pessoa assine algum recibo. Não se esqueça de que mais tarde a pessoa que doou poderá cobrar onde foi aplicada a sua doação. A falta de registro dessa doação na contabilidade da paróquia poderá trazer problemas tanto para quem trabalha no expediente paroquial quanto para o padre e para a própria paróquia. Portanto, não descuide desse tipo de gestão, pois ela é muito delicada e pode gerar muitos desconfortos. Nunca deixe muito dinheiro no expediente paroquial, sobretudo quando sair do trabalho. Faça um relatório do dia e entregue-o ao pároco ou responsável.

B) DICAS PARA A GESTÃO DE PATRIMÔNIO

Por patrimônio entendemos os bens móveis e imóveis da paróquia, desde uma simples cadeira até um carro ou um imóvel. O registro de patrimônio é de suma importância, pois o patrimônio da paróquia, por mais irrelevante que possa parecer, pertence à Mitra Diocesana e à comunidade paroquial, e por isso precisa ser registrado, classificado e cuidado como bem público. Assim, busque ter um programa de registro do patrimônio, em que tudo possa ser devidamente registrado, classificado por número, com etiquetas e código de barras, se for o caso. Esse trabalho pode ser feito por terceiros, mas o arquivo de registro deve estar na secretaria da paróquia, e os secretários e secretárias precisam ter acesso a ele e acompanhar cada patrimônio. Nunca doe um patrimônio da paróquia sem passar pelas devidas instâncias de decisão (os Conselhos Paroquiais e a Mitra Diocesana), mesmo que seja algo simples. As doações de bens materiais que a paróquia recebe também passam a integrar o patrimônio paroquial e precisam ser registrados. Registre quem fez e quando foi feita a doação, descrevendo detalhadamente o objeto doado. Para isso é bom ter um livro para registrar as doações. As doações mais corriqueiras, como, por exemplo, roupas e alimentos, também precisam ser controladas por quem as recebe, função que muitas vezes fica a cargo dos secretários e secretárias. É muito comum qualquer pessoa da paróquia ter acesso a esses materiais e até desviá-los antes de serem contabilizados e registrados. É preciso tomar esse cuidado também para evitar que doações dessa natureza tenham outros destinos.

C) DICAS PARA A GESTÃO DE PESSOAS

Lidar com pessoas nem sempre é fácil. Esse talvez seja um dos maiores desafios no expediente paroquial, pois por ele passam diversas categorias de indivíduos, como, por exemplo, os agentes de pastoral, cada qual com seu jeito e suas particularidades; os católicos apenas de missas dominicais, com pouca visão conjuntural da paróquia, o que exige certa atenção e paciência de quem os atende; os católicos de ocasiões especiais (missas de sétimo dia, batizados, casamentos etc.), com nenhuma visão conjuntural da paróquia e com conceitos de Igreja muitas vezes equivocados, podendo gerar desentendimentos; os católicos só de batismo, que vêm em busca de sacramentos como se fossem produtos, e que exigem de quem atende muita paciência e caridade pastoral; por vezes, pessoas com deficiência que comumente estão ali por se sentirem bem naquele espaço, mas não têm consciência de que esse é um ambiente de trabalho e podem atrapalhar quem está trabalhando. Secretários e secretárias precisam ter caridade, paciência e bom senso. Além disso, devem dar o tratamento adequado às autoridades que passam pelo expediente, como bispos, outros padres, outras pessoas públicas. Por outro lado, funcionários da paróquia, voluntários, vendedores, pedintes, entre outros, também carecem de tratamento particularizado. A dica é: trate a todos com respeito, com atenção, acolhendo-os bem e dispensando-lhes um tratamento de acordo com o que procuram, sem ser rude, grosseiro ou indelicado. Lembre-se sempre: sua atitude é a atitude da paróquia, da Igreja ali representada. Seus procedimentos devem espelhar os procedimentos da paróquia. A imagem da paróquia está refletida nas suas ações. Gerir pessoas também exige tato, delicadeza, sensibilidade, ou seja, exige gestão de si próprio, para ser capaz de gerir bem as relações com os outros. Trabalhe essas questões caso você tenha dificuldade em lidar com pessoas ou com certos tipos delas.

D) DICAS PARA A GESTÃO ESPIRITUAL

A gestão espiritual não é função apenas do padre. Secretários e secretárias também precisam aprender a gerir esse quesito, pois é ele que diferencia a paróquia, isto é, a Igreja, das outras empresas. Assim, cuide de sua espiritualidade pessoal e respeite a espiritualidade dos outros. Pelo expediente paroquial passam pessoas com as mais diferentes maneiras de viver a sua espiritualidade e com distintos tipos de espiritualidades. Existem os conservadores, os moderados e os modernos; os revolucionários e os mais reservados; os de correntes tradicionalistas e os de linhas mais avançadas; os adeptos das mais diferentes linhas teológicas, como, por exemplo, os que se identificam com a teologia da libertação e os que se identificam com a teologia mais dogmática e tradicional; os que desconhecem teologia, adotando apenas práticas devocionais; os que participam de movimentos de linha mais pentecostal e os são avessos a esse tipo de espiritualidade etc. Os secretários e secretárias, portanto, precisam saber gerir as mais diferentes formas de manifestação de espiritualidades e carismas, tratando a todos com respeito. Para tanto, precisam ter a própria espiritualidade bem administrada e equilibrada, de modo a acolher a todos e conseguir exercer com solicitude a função que lhes cabe no expediente paroquial, sem discriminar.

A dica é: seja profissional e nunca tome partido, criticando este ou aquele tipo de crença ou manifestação espiritual; tenha o seu ponto de vista, mas respeite pontos de vista diferentes; não entre em discussão sobre questões espirituais; só dê opinião se lhe pedirem e, mesmo assim, cuidado para não ser indelicado ao se expressar; não julgue ou condene a espiritualidade alheia; seja uma pessoa de oração e respeite a maneira da outra pessoa acreditar e manifestar a sua fé; não menospreze ninguém por causa de sua maneira de se relacionar com Deus ou com a Igreja, enfim, deixe esse departamento para o padre e para os momentos de formação da paróquia. Sua função é respeitar, acolher e encaminhar aquilo que a pessoa veio buscar.

E) DICAS PARA A GESTÃO PASTORAL

Os secretários e as secretárias lidam com as pastorais, pois todas as pastorais da paróquia passam direta ou indiretamente pelo expediente, pela secretaria paroquial. Além do plano de pastoral da paróquia, mantenha um arquivo para cada organismo da paróquia (pastorais, movimentos, grupos, associações etc.), como, por exemplo, uma pasta para registrar e arquivar todas as relações com aquele organismo. O arquivo deve incluir o nome e os contatos do coordenador do organismo. Esse tipo de registro pode ser feito também no computador, o que facilita as buscas, mas isso não dispensa uma pasta-arquivo para o registro de documentos, procedimentos e encaminhamentos. Procure arquivar tudo, e de modo bem organizado, para facilitar o seu trabalho no momento de prestar contas da sua gestão ou mesmo para gerir determinado assunto. Os encaminhamentos feitos em relação a determinada pastoral devem também ser assinados pelos coordenadores, de maneira a dirimir eventuais dúvidas em relação a eles. É comum um agente de pastoral buscar um documento, ou pedir um encaminhamento, e depois dizer que ele não foi executado. Para evitar isso, peça que a pessoa dê um visto, com data e hora, nos encaminhamentos feitos, e guarde o comprovante.

F) DICAS PARA A GESTÃO MISSIONÁRIA

Dissemos no início que todo secretário e secretária são também missionários. Assim, eles precisam gerir a missão que lhes foi confiada, bem como a prática missionária da paróquia e dos missionários que a integram. Essa gestão não é tão visível, mas faz toda diferença na vida da paróquia. Por essa razão, aplique dados práticos e teóricos para gerir bem essa dimensão fundamental da paróquia.

Como fazer isso? Não podemos esquecer que a finalidade da paróquia é a evangelização. Esse é o seu fim último. Evangelização é missão, e missão significa compromisso. Portanto, execute bem suas funções, não como mero funcionário que se limita a cumprir horários, mas como missionário que doa a sua vida. Dê exemplo de dedicação dentro e fora do expediente paroquial; preocupe-se com os outros e com a vida da paróquia, no sentido de ajudá-los; defenda sua paróquia, sua religião, seu pároco e vigários paroquiais quando eles são ultrajados; dê testemunho de sua fé e do seu compromisso pastoral. Essas são algumas das recomendações que ajudam a gerir a missão da paróquia e a sua própria missão dentro dela. Além disso, registre as ações missionárias desenvolvidas; faça relatórios e encaminhamentos; explique a quem não sabe o que significa ser missionário e por que a paróquia é missionária; leia subsídios sobre missiologia e busque entender a missão da paróquia.

G) DICAS PARA A GESTÃO DO TEMPO

Gerir o tempo é uma das categorias de gestão pouco mencionadas, mas que determina todas as outras, porque quem não sabe administrar o seu tempo perde tempo, e quem perde tempo, perde dinheiro, como sentenciou Benjamin Franklin ao afirmar que *Time is money*. Mas tempo é muito mais que dinheiro. Tempo é vida, e quem perde tempo perde o que se tem de mais precioso, que é a vida. Por exemplo, por falta de um bom planejamento, perde-se muito tempo numa paróquia, e trabalhos em prol da vida que poderiam deslanchar ficam truncados porque não foram planejados, e aí se perde a oportunidade de realizar um bom trabalho. Quem atua na secretaria paroquial deve estar atento ao tempo para aproveitá-lo bastante. Assim, programe suas atividades; faça uso do planejamento pastoral e pessoal; saiba utilizar a agenda paroquial e pessoal; durante o expediente, não desperdice tempo com coisas secundárias ou desnecessárias; utilize os meios de comunicação com responsabilidade para não perder tempo com eles; seja objetivo no atendimento, indo direto ao assunto; não se alongue nos atendimentos por telefone; organize o que tem a fazer por ordem de prioridade; não deixe para amanhã o que pode fazer hoje; faça uma coisa de cada vez e preste bem atenção naquilo que está fazendo; não deixe trabalhos pela metade, ou seja, conclua um trabalho antes de iniciar outro; organize as ferramentas que vai usar, deixando-as ao seu alcance; faça um *checklist* de tudo o que tem que fazer no dia e tenha como meta realizar tudo antes de encerrar o expediente;

chegue e saia no horário; não estenda além do previsto os horários de almoço, café e outras pausas necessárias do dia; tire do seu entorno e de sua mesa de trabalho coisas e objetos que possam tirar sua atenção e roubar o seu tempo, como, por exemplo, verificar mensagens de celulares, folhear revistas de fofocas, consultar catálogos de produtos de uso pessoal etc. Gerir o tempo é gerir ações que serão executadas em determinado tempo e isso se faz com organização, empenho e foco.

Essas são algumas das categorias de gestão com as quais os secretários e secretárias têm de lidar todos os dias e por essa razão é preciso ter noções básicas sobre elas. Essas diferentes modalidades de gestão foram apresentadas separadamente aqui, mas na prática costumam estar juntas, bem amalgamadas. Assim, quando uma é prejudicada, todas as demais são afetadas. Saber diferenciá-las e vê-las no seu conjunto e em sua interdependência faz parte da gestão eclesial desenvolvida na secretaria paroquial e fora dela.

CAPÍTULO IV

DICAS DE ORGANIZAÇÃO NA SECRETARIA PAROQUIAL

Quando tratamos do espaço da secretaria paroquial, temos de lembrar que cuidar desse espaço é fundamental. Cuidar em todos os sentidos, pois o "coração da paróquia" deve estar pronto para receber a todos que chegam, e receber da melhor forma. Seguem algumas dicas de organização desse espaço.

Praticidade: a secretaria paroquial é um espaço de trabalho e por isso precisa favorecer que ali se desenvolva um bom trabalho. Portanto, procure manter nesse espaço o máximo de praticidade, de modo a não perder tempo procurando as ferramentas de trabalho. Não permita que seu espaço de trabalho fique parecendo um depósito. Tenha móveis e instrumentos práticos que favoreçam o bom desempenho das funções. Evite os armários e as estantes de aço na secretaria paroquial. Eles enfeiam o espaço e tornam o ambiente pesado, com jeito de almoxarifado, arquivo ou depósito. O ambiente de trabalho precisa ser leve e funcional, e isso pode ser feito arranjando o espaço para torná-lo acessível, prático e ao mesmo tempo bonito.

Beleza e harmonia do espaço: alguns não dão muita importância à beleza do espaço de trabalho, mas, sendo um espaço de recepção, ele precisa ser também bonito e acolhedor. A beleza é fundamental para a secretaria paroquial, pois revela a beleza da sua paróquia. Além disso, um espaço bonito é sinônimo de melhor atendimento, pois qualquer pessoa se sente bem num espaço belo, aconchegante, que inspire paz, amor e acolhida fraterna. Convém também lembrar que os secretários e secretárias passam boa parte de seu tempo nesse espaço, e, se ele for feio, descuidado, a vida e os trabalhos desses colaboradores perderão qualidade. Pesquisas recentes mostraram que indivíduos que trabalham em espaços bem cuidados, bonitos, produzem mais porque ficam mais satisfeitos, mais felizes e, consequentemente, acolhem melhor. A beleza deve estar em toda a parte: nos móveis, que devem ser adequados para o ambiente e estar bem posicionados; nas plantas naturais, que dão certo charme ao ambiente de trabalho, tornando-o menos monótono; nos outros enfeites que adornam o espaço, como, por exemplo, quadros na parede, tapetes, entre outras coisas simples que tornam o espaço mais bonito. Os secretários e secretárias precisam ter essa sensibilidade e colaborar para embelezar seu espaço de trabalho.

Limpeza: a limpeza do espaço também é muito importante, e os secretários e secretárias devem estar atentos a isso. Evitar o acúmulo de papéis, poeira ou lixo é um cuidado que quem trabalha nesse espaço deve ter, mesmo que haja alguém responsável pela limpeza. Assim, ao chegar, faça uma limpeza no espaço, tirando o pó de mesas e prateleiras e ajeitando as coisas no lugar. Faça o mesmo ao sair do trabalho: coloque cada coisa no seu lugar. Nunca deixe papéis e outros objetos sobre a mesa, exceto quando estiver utilizando esse material. Limpe constantemente o teclado do computador, a impressora, o aparelho de telefone e outros instrumentos de trabalho.

Claridade: a luminosidade também contribui para tornar o trabalho mais produtivo e para proporcionar bem-estar para quem trabalha ou frequenta determinado espaço. Procure manter a luminosidade natural, mas, caso não seja possível, luzes frias, como as de *led*, por exemplo, iluminam o espaço, economizando energia. Paredes de cor clara também ajudam.

Arquivo: faça arquivos para todas as coisas, desde os documentos do computador aos documentos impressos e outros materiais de trabalho. Nada mais desagradável que perder tempo procurando algo de que se necessita no trabalho por não manter os arquivos organizados. As pastas de arquivos dos computadores devem estar classificadas por assuntos ou temas, como, por exemplo, correspondências recebidas; correspondências enviadas; certidões; ofícios etc. Deve-se adotar o mesmo procedimento ao guardar os documentos impressos. A identificação visível das pastas torna muito mais fácil encontrá-las e dar andamento ao trabalho sem perda de tempo.

Lista de endereços e contatos: faz parte da boa organização ter uma lista de endereços e telefones mais usados. Assim, quando necessário, é só pegar a lista e rapidamente encontrar o endereço ou telefone de que se precisa. Mantenha uma lista à parte para os profissionais, pois esses contatos são muito importantes para a agilidade do trabalho.

Checklist **das funções do dia**: para o bom desempenho das funções e seu cumprimento em tempo hábil, é importante fazer um *checklist* das tarefas a serem desempenhadas no dia, na semana e no mês, por ordem de prioridade ou urgência. Assim não se corre o risco de esquecer atividades importantes, ou de desperdiçar tempo fazendo o que podia esperar, relegando o que era mais urgente. Essa lista de atividades é fundamental para a boa organização dos secretários e secretárias paroquiais e, consequentemente, para o bom desempenho de suas funções.

Agenda atualizada: o uso da agenda paroquial é elemento básico para a boa organização. Saiba usá-la para que suas atividades e as das pessoas que você assessora não fiquem prejudicadas. Anote os compromissos do padre na agenda e consulte-a pela manhã e antes de sair do trabalho. Esses dois momentos são essenciais para que as atividades da agenda não sejam esquecidas. Os secretários e secretárias devem ter também suas agendas pessoais sempre em sintonia com a agenda da paróquia e as atividades do padre.

Subsídios para elucidar questões e situações: alguns subsídios não podem faltar no expediente paroquial, como, por exemplo, o Código de Direito Canônico; o Catecismo da Igreja; o Plano de Pastoral da Diocese; o Plano de Pastoral Paroquial; a lista de telefones da cidade ou da região; o Anuário Católico; o Diretório Litúrgico, entre outros recursos que auxiliem o seu trabalho. Eles devem estar sempre ao alcance da mão. Eventualmente os secretários precisam consultar esses documentos para resolver questões e situações no expediente paroquial.

Sala de espera: é importante que haja na secretaria paroquial um espaço de espera, e este deve ser adequado e bem cuidado, com cadeiras confortáveis, numa sala arejada e bem iluminada. É importante também incluir no espaço algumas revistas religiosas ou de pastoral para serem lidas enquanto espera-se o atendimento. Para receber as pessoas com conforto, também convém dotar a sala de espera de um porta guarda-chuvas, tapetes antiderrapantes, além de água, café e outros itens que se mostrarem necessários para o conforto e a boa acolhida de quem chega.

Enfim, observe seu espaço de trabalho e seu entorno e veja o que precisa ser melhorado. Converse com o padre sobre isso; mostre interesse em tornar o espaço melhor, mais organizado, pois isso revela o empenho da paróquia em dar um bom atendimento, acolhendo melhor e, assim, evangelizando melhor.

CAPÍTULO V

DICAS DE FORMAÇÃO PARA SECRETÁRIOS E SECRETÁRIAS

Ao falar de formação, logo lembramos de cursos e palestras, que certamente são importantes, mas é bom lembrar que formação não é apenas isso e que não é apenas dessa maneira que obtemos formação. Podemos nos aperfeiçoar de diversas maneiras. Aqui vão algumas dicas relevantes, incluindo a formação tradicional de cursos, aulas e palestras. Vamos começar por essas e depois mostraremos outras maneiras de treinamento e aperfeiçoamento pessoal e profissional, lembrando sempre que, no âmbito de formação, não se pode ver a pessoa de maneira fragmentada, de um único ponto de vista ou aspecto. Ela deve ser tratada no seu conjunto, pois não somos feitos de peças separadas.

Cursos: participe de cursos que ajudarão o seu crescimento pessoal e profissional, como, por exemplo, cursos direta ou indiretamente relacionados a sua área de trabalho. Se a diocese e a paróquia não oferecem esses cursos, busque você mesmo em outras instâncias. O mais importante é que os secretários e secretárias mostrem interesse em se aperfeiçoar.

Reciclagem: a palavra reciclagem não se aplica apenas a coisas materiais, mas também a pessoas e conhecimentos. É preciso reciclar os conhecimentos, de modo que eles não fiquem ultrapassados. Participar de reciclagem visa precisamente atualizar os conhecimentos. Assim, sempre que possível, participe de algum tipo de reciclagem de conhecimento. Desse modo você estará sempre atualizado e poderá responder melhor aos desafios cotidianos.

Palestras: as palestras com temas variados ou direcionados à área de trabalho também contribuem para o aperfeiçoamento de secretários e secretárias. Procure participar de palestras, assimilando os elementos úteis para sua vida pessoal e profissional. Na internet encontramos textos ou vídeos de palestras que ajudam muito. Monte um arquivo com elas, pois isso vai servir para seu crescimento e aperfeiçoamento. A dica aqui é a mesma: mostre interesse!

Conferências, simpósios, seminários etc.: participe de conferências sobre temas que ajudem no seu crescimento. Não apenas assista, mas também participe. Você mesmo poderá ajudar os outros dando palestras sobre algum tema, falando sobre determinado assunto, inscrevendo-se para apresentar trabalhos em eventos dessa natureza, mesmo que não seja do meio acadêmico. Esse tipo de participação e de interação ajuda no desenvolvimento da comunicação e na assimilação de ideias, valores e outros elementos que farão de você um exímio profissional, pois quem colabora na secretaria paroquial deve ser uma pessoa com boa comunicação.

Assessorias: procure se aperfeiçoar de modo a estar preparado para dar assessoria a outras secretarias paroquiais. Em nossas paróquias há bons profissionais, bem preparados, que podem muito bem ajudar outras pessoas dessa área a crescerem pessoal e profissionalmente. Faça o possível para ajudar não apenas em sua paróquia, mas também nas paróquias que precisam de ajuda nessa área. Nada melhor do que secretários e secretárias aptos a capacitar outros profissionais da área. Pode-se fazer isso prestando assessoria a outras paróquias e dioceses nos finais de semana, por exemplo. Basta ter essa vocação profissional.

Leituras: a leitura é fundamental para desenvolver conhecimentos e habilidades. É útil em todas as áreas, mas se você atua na secretaria paroquial leia sistematicamente assuntos relacionados a atendimento, acolhimento e outras atividades, sobretudo as atividades técnicas desse ambiente de trabalho, como, por exemplo, técnicas de arquivamento, computação, pastoral etc. Tenha sua biblioteca particular de obras que ajudem no seu aperfeiçoamento. Para isso, dedique um tempo à leitura. Se não tem tempo de ler fora do expediente, reserve um tempo no seu horário de trabalho para ler algo relacionado a ele. Além disso, pesquise na internet para adquirir subsídios e atualizar seus conhecimentos.

Exercite a espiritualidade: leituras espirituais também são importantes, mas procure praticar a sua espiritualidade, reservando um tempo para a oração e a meditação. Quem aprende a meditar tem mais equilíbrio, e pessoas mais equilibradas sabem lidar melhor consigo mesmas e com os outros. Portanto, não descuide do seu lado espiritual. Lembre-se sempre: seu espaço de trabalho é a Igreja e você precisa ser Igreja. E você só será uma verdadeira Igreja se estiver comprometido com ela e espiritualmente bem. Assim, sempre que puder, participe das celebrações eucarísticas e da Palavra, assim como de retiros; tenha momentos de oração pessoal; busque o sacramento da confissão sempre que sentir necessidade; leia bons livros de espiritualidade e assista a programas que a edifiquem; visite o Santíssimo Sacramento sempre que possível, de preferência antes de começar seu expediente ou ao sair. Em suma, cuide-se e abasteça-se espiritualmente.

Escute atentamente: quem sabe escutar aprende mais, pois toda pessoa tem algo a nos ensinar. Se seus ouvidos estiverem atentos, você captará muitos ensinamentos das conversas, dos atendimentos dados no expediente e dos eventos cotidianos. A escuta dispensada às pessoas e aos acontecimentos sempre nos traz conhecimentos. Quem sabe escutar aprende, quem aprende ensina, e quem ensina ajuda a edificar. Essa é a dinâmica do processo formativo e os secretários e secretárias devem assimilá-la e vivê-la no seu dia a dia.

CAPÍTULO VI

DICAS PARA O BOM ATENDIMENTO E ACOLHIMENTO NA SECRETARIA PAROQUIAL

O acolhimento é o elemento central de quem trabalha no expediente paroquial. É primordial ser uma pessoa acolhedora e fazer com que os que procuram a secretaria se sintam acolhidos. Eis algumas dicas para que você, secretário ou secretária, se torne uma pessoa ainda mais acolhedora.

Levante-se para receber: faz parte da boa educação levantar-se para cumprimentar alguém. A regra vale também para a recepção. Quando for receber alguém no expediente paroquial, procure se levantar. Esse gesto mostra atenção, respeito e interesse pela pessoa que chegou. Caso seu ambiente de trabalho impossibilite o atendimento em pé, procure compensar de alguma forma, dando sempre atenção a quem chega.

Dispense atenção à pessoa atendida: procure dar dedicação exclusiva a cada pessoa que procura a secretaria paroquial. Nunca atenda enquanto faz outra coisa. A pessoa atendida deve ser prioridade.

Fale olhando nos olhos: quando a pessoa com a qual interagimos tem importância, falamos olhando nos olhos dela. Esse gesto mostra atenção e faz com que a pessoa se sinta importante, vista e valorizada. Além disso, quando falamos olhando nos olhos, a pessoa com a qual interagimos fala o essencial e o mais importante, sem se delongar com conversas inúteis. Portanto, receba as pessoas e fale com elas olhando nos olhos.

Seja objetivo: atender e acolher bem não significa gastar horas conversando com a pessoa. O fundamental é responder às questões que a pessoa veio esclarecer ou buscar. Atender bem e com qualidade é ir direto ao assunto, esclarecendo e solucionando problemas sem se alongar demais.

Não deixe a pessoa esperando por muito tempo: um dos grandes pecados do atendimento é deixar as pessoas esperando por muito tempo. Ninguém gosta de ficar esperando, mesmo que o assunto seja de seu interesse. Deixar alguém esperando por muito tempo é falta de educação e de respeito com a outra pessoa. Assim, quando alguém chegar à secretaria paroquial, procure atender logo. Caso não possa fazê-lo por estar ocupado com outros atendimentos, peça gentilmente que a pessoa aguarde que logo você a atenderá. Faça isso com simpatia e delicadeza.

Receba com um sorriso sincero: nada mais agradável que ser atendido por uma pessoa bem-humorada, com um sorriso no rosto. O sorriso desarma qualquer um e quebra as resistências. Se você não sorri com facilidade, treine para isso, pois pode-se aprender a ser simpático, o que faz toda diferença no atendimento ao público.

Faça o possível para ser uma pessoa simpática: simpatia não se aprende na escola, é algo inato, mas é possível melhorar o humor com algum treinamento. O primeiro passo é aprender a sorrir, como dissemos antes, mas, além do sorriso, a delicadeza na fala, os gestos de boa educação (obrigado, desculpe, com licença etc.) e outras atitudes simples tornam uma pessoa simpática e acolhedora. A pessoa simpática procura deixar a outra à vontade. Assim, aja com naturalidade, sem forçar a simpatia. Quem treina para isso aprende algumas técnicas infalíveis, como, por exemplo, sorrir, cumprimentar, olhar nos olhos, deixar a pessoa descontraída, ter uma dose de humor etc.

Não deixe a pessoa sair sem resposta: faz parte do bom atendimento e do acolhimento dar respostas. Isso não significa ter que saber tudo, mas demonstrar interesse em atender aquela pessoa naquilo que ela veio procurar. Se você não sabe a resposta, procure saber. Se não consegue responder naquele momento, anote os contatos da pessoa e depois informe-se sobre o pedido e dê a ela uma resposta. O mais importante é ela perceber seu interesse em atender à solicitação dela. Nunca dê uma informação errada. Caso não saiba, diga que não sabe, mas que vai procurar saber.

Acolha bem: acolher bem é fruto de um conjunto de fatores. Tudo o que já apontamos até agora e muito mais. Assim, quando alguém chegar ao expediente paroquial, receba bem, ofereça água, café, um chá (e tenha tudo isso no local para poder oferecer). Obviamente nem sempre tudo isso é necessário, mas em alguns casos delicadezas como essas caem bem, sobretudo se é a primeira vez que a pessoa procura a secretaria ou se ela tiver que esperar algum tempo.

CAPÍTULO VII

DICAS DE COMPORTAMENTO E POSTURAS QUE AJUDAM NO BOM ATENDIMENTO PAROQUIAL

A maneira como nos comportamos e nossas posturas dizem muito sobre como acolhemos as pessoas, e são dois fatores fundamentais quando nossa missão é atuar na recepção de uma paróquia. Apresento a seguir uma série de dicas que poderão ajudar secretários e secretárias a acolher melhor, assumindo comportamentos e posturas aptos a favorecer esse procedimento primordial do expediente paroquial. São dicas simples, que exigem apenas alguns cuidados e estão ao alcance de todos. Sempre é possível melhorar em todos os setores. Basta querer. Vejamos.

Cumprimente as pessoas: um procedimento simples, mas que exige atenção. Às vezes, por excesso de trabalho, preocupações ou simples descuido, nos esquecemos de cumprimentar as pessoas. Cumprimente quem chegar à secretaria paroquial e quem você encontrar pela rua, na igreja ou em qualquer outro lugar quando indicarem que o reconheceram. Não se esqueça de que quem colabora na secretaria da paróquia se torna uma pessoa pública, conhecida, e ter a delicadeza de cumprimentar, mesmo fora do ambiente de trabalho, ajuda a melhorar a imagem da paróquia que você, como secretário ou secretária, representa.

Sente-se corretamente: durante o trabalho, procure sentar-se com uma postura correta. Evite demonstrar que está muito à vontade, como se estivesse na sala de sua casa. Lembre-se de que está num ambiente de trabalho e a postura que você adota ali mostra o quanto você leva sua missão a sério. Assim, evite colocar os pés sobre os assentos, debruçar-se na mesa como se estivesse com sono, deitar o corpo na cadeira, por exemplo, pois tais posturas apontam um excesso de descontração, inadequada para o ambiente de trabalho.

Vista-se corretamente: evite roupas extravagantes. Sugira uniforme ao seu pároco, caso ainda não use. Mas cuidado para que o uniforme não seja algo grosseiro. Vista-se com elegância e discrição. Evite roupas demasiado coloridas ou decotes ousados, assim como saias ou vestidos muito curtos. Os homens devem evitar usar camisas muito abertas no peito ou camisetas de clube de futebol, com propaganda de produtos, candidatos ou com frases de duplo sentido. Não vá trabalhar de bermudas e camisetas regatas. Não convém que as mulheres usem calças muito justas, tipo *legging*, ou qualquer outra vestimenta que chame a atenção ou que possa depor contra o ambiente de trabalho.

Saiba usar as mãos: quando estiver atendendo, tome cuidado com as mãos. Não se esqueça de que nós falamos através delas. Às vezes dizemos uma coisa e nossas mãos dizem outra. Evite colocar a mão no nariz, por exemplo, ou outra atitude que revele certo descaso. Preste atenção não apenas na pessoa que você está atendendo, mas também em você. Só assim haverá verdadeira interação entre você e a pessoa que você recebe.

Preste atenção no olhar: nossos olhos transmitem o que estamos sentindo e falando. Por essa razão, cuidado com a maneira como você olha para as pessoas. O olhar pode ser de repreensão, de aprovação, de desprezo etc. Assim, ao falar, olhe nos olhos, mas olhe com um olhar de acolhimento, sem julgamentos.

Seja pontual: chegue e saia sempre no horário. A pontualidade no trabalho e no atendimento ajuda a fazer a diferença na secretaria paroquial. Quem não é pontual depõe contra sua própria responsabilidade. Caso ocorram imprevistos, justifique, mas evite que os atrasos se tornem um hábito.

Avise quando tiver que sair: não custa nada deixar um aviso na porta quando tiver que sair para alguma atividade na rua. Faça o mesmo se tiver que sair mais cedo, ou nos dias em que a secretaria permanecer fechada, como, por exemplo, em feriados prolongados ou em casos excepcionais. Não custa nada deixar um aviso "volto já", ou "no feriado 'tal' a secretaria não estará aberta", ou algo parecido.

Evite bocejar ao falar com alguém: esse procedimento denota cansaço, falta de interesse, ou que a conversa não está agradando. Se estiver com sono, procure lavar o rosto, tomar um café ou recorrer a outro meio para amenizar o sono ou o cansaço. Se não tiver como controlar os bocejos, peça desculpas quando isso ocorrer.

Não atenda mastigando: evite atender enquanto masca chiclete ou come algo. Além de falta de elegância, essa atitude interfere na comunicação e no bom atendimento.

Use adequadamente o celular: quando estiver atendendo alguém, evite checar mensagens no celular ou mesmo fazer ligações. Caso o telefone toque durante o atendimento, peça licença e não se demore ligação. Diga que está ocupado e que depois retornará a ligação ou peça para a pessoa ligar em outro momento.

Redes sociais: evite acessar redes sociais pessoais durante o trabalho. Se precisar enviar alguma mensagem ou checar a página, faça isso nos intervalos (almoço ou café). Não fique em bate-papos durante o trabalho, exceto se estiver resolvendo assuntos relativos a ele. Mas, mesmo assim, seja breve.

Mantenha a calma: em qualquer situação, procure manter a calma. Fale pausadamente e com serenidade. Não seja grosseiro, mesmo quando as pessoas não são delicadas. Não dê vazão a discussões calorosas e a outras atitudes não condizentes com esse espaço de trabalho.

Mantenha-se neutro em algumas questões: não discuta política e futebol no ambiente de trabalho. Não revele seu candidato ou o partido político com o qual simpatiza. Evite assumir posturas que possam criar um ambiente desagradável no trabalho. Não faça propaganda de nenhum candidato, por mais que você simpatize com ele. Evite também colocar no espaço de trabalho símbolos de clube de futebol. Deixe isso para sua casa.

Evite atitudes irônicas: ironizar ou debochar de alguém é inconcebível em qualquer lugar e situação e é ainda mais grave na secretaria paroquial. Tome cuidado, pois às vezes certas falas ou brincadeiras podem ser interpretadas como ironia ou deboche. Ria com as pessoas, mas nunca das pessoas, por mais cômica ou engraçada que lhe pareça a situação.

Evite fofocas: não leve para fora do expediente paroquial as situações e acontecimentos vividos e as coisas que vê ou ouve no trabalho. Quem atua no expediente paroquial ouve muita coisa e ali não faltam intrigas e fofocas. Evite fofocas de qualquer natureza, inclusive sobre a vida do padre ou de qualquer pessoa da comunidade paroquial.

Trabalhe em equipe: não queira fazer tudo sozinho, sobretudo se houver mais de uma pessoa que trabalha na secretaria paroquial. Saiba dividir tarefas e fazer bem a sua parte. Peça a colaboração de paroquianos na realização de certas atividades, caso seja algo voltado para a pastoral, mas sempre avise o padre sobre essa ajuda.

Não assuma trabalhos externos: é comum que leigos da paróquia tragam trabalhos para serem executados na secretaria paroquial, como, por exemplo, cantos ou textos para serem digitados. Não se esqueça de que você é funcionário da paróquia e não de particulares. Assim, só faça trabalhos de alguém da comunidade com a autorização do pároco. Se tiver dúvida, consulte-o sobre esse procedimento. Porém, recuse os trabalhos com delicadeza, explicando por que não pode assumi-los.

Resolva os problemas: é comum surgirem na secretaria paroquial situações passíveis de ser resolvidas ali mesmo, sem a necessidade de levá-las até o pároco. Faça o possível para resolver as situações e problemas você mesmo, levando até o padre apenas o que seja exclusivamente da alçada dele. Pequenos problemas podem ser resolvidos pelos secretários e secretárias. Lembre-se de que você está ali para ajudar.

Saiba dizer não: muitos imaginam que tudo na Igreja é permitido e não gostam de ouvir uma resposta negativa. Quem atua no expediente paroquial deve saber quando é preciso dizer não, mas faça-o sempre com delicadeza e caridade pastoral, justificando sua negativa.

CAPÍTULO VIII

DICAS DE CUIDADOS PESSOAIS AOS SECRETÁRIOS E SECRETÁRIAS

Ter alguns cuidados pessoais ajuda na hora de acolher as pessoas. Esses cuidados vão desde a maneira de se vestir até os procedimentos em relação a outra pessoa, como vimos anteriormente. Queiramos ou não, esses elementos influenciam a qualidade do atendimento e da acolhida. Por exemplo, ser recebido por alguém malvestido ou despenteado mostra que o lugar não preza pelo zelo e pelo cuidado das pessoas; ser atendido por alguém com mau hálito mostra descaso com a pessoa e com o ambiente de trabalho; alguém que exagera no perfume ou na maquiagem para o atendimento do público passa uma imagem não apenas da sua pessoa, mas da instituição que ela representa. Enfim, são coisas aparentemente pequenas que ajudam a fazer a diferença na hora de acolher na secretaria paroquial. Seguem algumas dicas sucintas que ajudarão os secretários e as secretárias a se apresentarem melhor no expediente paroquial de modo a passar uma imagem de pessoa zelosa, que cuida de si e sabe cuidar dos outros.

Vestuário: vestir-se adequadamente deve ser uma das preocupações de quem atua na secretaria paroquial. O que é vestir-se adequadamente? É usar roupas condizentes com o ambiente e com a função que se desempenha nesse espaço, extensão do espaço sagrado. Embora a secretaria seja uma espécie de "escritório" de uma "empresa", ela tem o diferencial de ser extensão do espaço sagrado da igreja e por isso pede que quem nele atue se vista de modo decente, sobriamente, sem exageros e sem descaso. Como dissemos, é recomendável que os secretários e secretárias usem uniformes. Desse modo, além de facilitar a vida da paróquia e de quem ali trabalha, evita-se o uso de roupas inadequadas. Convém lembrar que o uniforme deve estar sempre limpo, bem passado e ser um vestuário bem apresentável.

Maquiagem: essa recomendação é direcionada mais às secretárias. O uso de maquiagem ajuda a melhorar a aparência, mas o exagero deve ser evitado sobretudo por quem trabalha na secretaria de uma paróquia. Portanto, na hora de se maquiar, use sempre de bom senso e evite batons muito fortes ou qualquer outro tipo de maquiagem que destoe do ambiente de trabalho.

Perfume: uma pequena dose de perfume faz bem, mas, nesse caso, também é preciso ter cuidado. Há quem exagere no uso de perfumes sem perceber que nem todos gostam. Todos já passamos pela desagradável experiência de ser incomodados pelo perfume exagerado de outra pessoa – ao receber alguém em casa, numa festa ou mesmo no ambiente de trabalho – e o perfume que estava usando deixou os outros atordoados, irritando as narinas, provocando dores de cabeça e náuseas. Perfumes e seus derivados devem ser usados sempre com moderação e bom senso. Quem lida com o público deve ter cuidado redobrado no uso de perfumes, pois muitos deles provocam alergia em outras pessoas ou mesmo causam mal-estar, sobretudo perfumes muito fortes usados em grande quantidade. É recomendável que os secretários e secretárias paroquiais usem moderadamente perfumes, colônias ou desodorantes.

Calçados: todo calçado deveria ser, em primeiro lugar, confortável, sobretudo para quem está no trabalho. Calçados desconfortáveis, que machucam os pés ou trazem algum incômodo, interferem no rendimento do trabalho. Além de prejudicar a saúde, a pessoa que os usa não desempenhará sua função com qualidade. Além de ser confortável, o calçado deve ajudar a compor a harmonia da vestimenta da pessoa. Por isso, cuide do tipo de calçado que você usa para não comprometer sua aparência. As mulheres devem evitar sapatos muito altos no ambiente de trabalho. Apesar de conferir certa elegância, eles dificultam a locomoção. De preferência, tanto as mulheres como os homens devem usar sapatos que combinem com as roupas e com o cinto. Os homens devem dar atenção também às meias, combinando-as com os sapatos, além de evitar o uso deselegante de tênis e calça social. Enfim, cuide do seu calçado, pois ele contribui para melhorar sua aparência e o visual também é importante para os que lidam com o público.

Higiene pessoal: uma boa higiene pessoal é fundamental para quem trabalha no atendimento. Por exemplo, é desagradável ser atendido por uma pessoa cheirando a suor. Por isso, mantenha sempre uma aparência limpa, tomando banho antes de ir para o trabalho. Se você transpira muito, recorra a desodorantes antitranspirantes ou a produtos indicados por médicos. Caso esteja em regiões muito quentes, troque frequentemente de roupa, sobretudo blusas e camisas. Esses pequenos cuidados ajudam a evitar o odor desagradável de suor e a passar uma imagem de asseio e cuidado pessoal.

Higiene bucal: mau hálito é um problema frequente, resultante tanto de alguma alteração de saúde ou de uma higiene bucal inadequada. Esse problema é desagradável em qualquer circunstância, mas quem lida com o público deve fazer o possível para evitar esse incômodo. Faça uma boa higienização bucal, escovando corretamente os dentes segundo a orientação do seu dentista; sempre que comer ou beber algo que deixe odor na boca, como, por exemplo, café ou produtos que contêm álcool, escove os dentes antes de fazer o atendimento. Quando ficar algum tempo sem ingerir alimentos ou bebidas, escove os dentes periodicamente, pois longos períodos sem escovação podem causar o mau hálito; se você lida com o público, evite alimentos que acentuam o mau hálito, como alho, cebola ou condimentos muito fortes. Beba água constantemente, pois, além de fazer bem à saúde, a ingestão de água evita o mau hálito. Se mesmo com todos esses cuidados o problema persistir, procure um médico, pois o problema pode não ser bucal.

Saúde: para receber e acolher bem outras pessoas, é preciso estar bem. Portanto, a recomendação é estar sempre atento à própria saúde. Caso sinta algum mal-estar constante, por exemplo, enxaquecas ou outros sintomas desagradáveis, mesmo que seja apenas um desconforto, mas que interfira no seu humor, procure ajuda médica. Quanto melhor estiver sua saúde, melhor você receberá aos outros. Por isso, ao ter certos sintomas que duram mais de um dia, não protele e procure logo um médico.

Beleza: beleza não significa enquadrar-se nos padrões impostos pela sociedade, mas cuidar de si mesmo, do jeito que se é. A beleza é produto de um conjunto de fatores, tanto externos como internos. Ambos são importantes. Já indicamos alguns fatores externos, como o cuidado com a aparência, com as roupas, o calçado, a maquiagem, os cabelos etc. Os cuidados internos incluem a saúde física, mental e espiritual. Assim, procure ser uma pessoa educada, equilibrada, que fala com voz branda, que escuta e se propõe ajudar. Seja bondoso e gentil. Mostre Deus nos seus gestos de amor ao próximo. Tudo isso ajudará você a ser uma pessoa bela, e assim você exercerá bem a sua missão de receber e acolher as pessoas que chegam à secretaria paroquial e as que convivem com você no seu dia a dia de trabalho.

Acessórios: acessórios são objetos comumente usados para realçar a aparência. Eles são bem-vindos, mas devem ser usados com cuidado, evitando exageros, sobretudo se você lida com o público. Use o que você gosta, mas sempre considere se o seu gosto pessoal não interfira no bom atendimento ou prejudica a imagem da igreja que você representa. Caso goste de abusar de acessórios (brincos, correntes, colares, pulseiras, *piercings* etc.), deixe isso para as festas e outros ambientes. No ambiente de trabalho da secretaria paroquial procure ser uma pessoa moderada e discreta. Peça sempre a opinião de outras pessoas sobre sua aparência.

Unhas e cabelos: as unhas e os cabelos também compõem o conjunto visual de um indivíduo e exigem certos cuidados, sobretudo quando se trabalha na recepção. Ser recebido por uma pessoa despenteada, com cabelos e unhas descuidados, passa uma imagem de desleixo não apenas da pessoa que está na recepção, mas da instituição que ela representa. Portanto, quando estiver trabalhando na secretaria paroquial, preste sempre atenção nesses dois quesitos. Os homens devem manter as unhas curtas e limpas e o cabelo bem cortado e bem penteado. As mulheres, por sua vez, devem manter as unhas bem tratadas, evitando o uso de esmaltes com cores berrantes. Os cabelos devem estar sempre bem cuidados e bem penteados. Para corrigir um problema que pode afetar tanto homens como mulheres, a caspa, recomenda-se o uso de shampoos apropriados.

CAPÍTULO IX

DICAS PARA A BOA COMUNICAÇÃO DE QUEM ATUA NO EXPEDIENTE PAROQUIAL

Quem lida direta ou indiretamente com o público precisa se preocupar com a boa comunicação, mesmo que seja apenas um trabalho de recepção ou atendimento por telefone. O mesmo vale para quem trabalha na secretaria paroquial atuando nessas duas situações. Saber receber, acolher e dar informações precisas, claras e solucionar problemas é parte integrante dessa função e dessa missão.

Muitos de nós já usamos com serviços de *call centers* de empresas e fomos atendidos por pessoas que fazem uso excessivo do gerúndio, o chamado "gerundismo", são indelicadas ou se estendem demasiadamente no atendimento. Não é algo incomum. Para evitar atitudes como essas na secretaria paroquial, apresentamos a seguir algumas dicas de boa comunicação, pois saber se comunicar bem não é apenas falar corretamente, é também ter uma boa dicção, não ser prolixo, não deixar as pessoas esperando por muito tempo, justificar-se, entre outras coisas.

Estas dicas visam ajudar secretários e secretárias a terem uma boa comunicação. Ao colocá-las em prática, esses colaboradores prestarão um bom serviço à paróquia e ao povo de Deus que passa pelas nossas secretarias paroquiais.

Fale corretamente: com as inovações nos meios de comunicação, como a internet, as redes sociais e os celulares, comunica-se cada vez mais por abreviaturas. Isso, somado à má qualidade da educação nas escolas, faz com que falar corretamente hoje seja praticamente uma raridade. Por essa razão, é ainda mais necessário que os que trabalham com atendimento ao público, sobretudo na secretaria paroquial, falem corretamente. Isso é possível se a pessoa se dedicar à leitura de bons livros e ao exercício da fala, assim como ter atenção para evitar erros gramaticais e vícios de linguagem. Convém sempre consultar bons livros de gramáticas e ter algumas noções de oratória para auxiliar na comunicação. É importante ter atenção ao modo como se estabelece a comunicação.

Escreva corretamente: tão importante quanto falar corretamente é escrever corretamente. É desagradável enviar uma correspondência, mesmo que seja uma mensagem eletrônica, com erros gramaticais e abreviaturas que mais se parecem com códigos. Tenha cuidado na hora de redigir um documento, uma ata, fazer um registro ou mesmo enviar uma mensagem. Você pode enviar mensagens abreviadas para seus amigos, mas no trabalho elas precisam ser legíveis, corretas e sem excesso de abreviaturas. É preciso ter cuidado ao escrever até mesmo bilhetes e recados manuscritos, porque os erros na escrita depõem contra a pessoa, o seu trabalho e a paróquia que o secretário ou a secretária representam.

Evite o uso excessivo de gerúndios: ao escrever ou falar, evite usar excessivamente o gerúndio, como, por exemplo, quando alguém ou o próprio pároco lhe pede algo. Ao invés de lhe dizer simplesmente "farei", alguns dizem "vou tentar estar fazendo". Veja que nessa expressão tão usada por atendentes de *telemarketing* há quatro verbos seguidos, totalmente desnecessários. Eles poderiam ser resumidos em apenas um e no futuro: "farei". Pronto, simples assim. Você economiza palavras e tempo e demonstra uma postura muito mais clara e determinada.

Evite vícios de linguagem: há muitos vícios de linguagem que temos e não percebemos, como, por exemplo, os pleonasmos: "entrar para dentro", "sair para fora", "subir pra cima", "descer pra baixo", "surpresa inesperada", "nova novidade", "encarar de frente", entre tantas outras expressões ou construções que deturpam, desviam ou dificultam a manifestação do pensamento, seja pelo desconhecimento das normas cultas, seja pelo descuido de quem fala. Mesmo que você lide com pessoas simples, analfabetas ou semianalfabetas, evite essas e outras expressões que em nada ajudam na comunicação. Evite também usar expressões do tipo "em nível de" ou "a nível de". É muito comum ouvir padres e até bispos dizendo "em nível de diocese" ou "a nível de diocese". Vale lembrar que essas expressões são empregadas apenas em algumas situações, como, por exemplo, quando se referem à água ou ao grau de escolaridade, ou em outras raras exceções. Por isso, não faz sentido usar as expressões: "em nível de diocese" ou "a nível de paróquia". Substitua-as por expressões mais corretas e elegantes como, por exemplo, "no âmbito de" ou "em termos de".

Evite o uso excessivo de certas expressões: há expressões que servem como apoio de linguagem, mas que devem ser evitadas na fala, sobretudo o seu uso em excesso, como, por exemplo, "né", "tipo assim", "então", "não é?", "entendeu?", "tá", entre outras. Elas servem como "muletas" na fala, mas enfeiam a comunicação. Uma forma de evitar essas "muletas" é gravar a própria voz falando e depois fazer uma revisão, procurando corrigir esses e outros defeitos da comunicação. Hoje é bem simples fazer isso, pois os celulares vêm com dispositivos de gravação de voz.

Faça o possível para eliminar os cacoetes: cacoetes são movimentos involuntários de alguma parte do corpo, sobretudo do rosto, que é a parte mais visível, ou da voz. Os cacoetes podem ser sinal de algum distúrbio ou doença, mas podem ser também um vício ou uma manifestação de nervosismo. Seja qual for a causa, o importante é a pessoa tomar consciência desse problema e procurar corrigi-lo. Se não puder fazer isso sozinha, deve procurar a ajuda de um profissional, como, por exemplo, um médico ou um psicólogo. Não podemos permitir que um problema como esse atrapalhe a comunicação e o acolhimento na secretaria paroquial. Alguns tipos de cacoetes mais comuns são as piscadas, movimentos bruscos com a cabeça, fazer caretas etc. Há uma variedade muito grande de cacoetes, que vão deste os vocais até os motores. Uns são simples, de fácil correção, outros são mais complexos e exigem tratamento adequado. A dica é gravar as expressões quando estiver falando com alguém e depois ver as imagens e analisar os cacoetes, buscando controlá-los. Se esse exercício não resolver o problema, procure ajuda.

Fale olhando para a pessoa com quem fala: sempre que for falar com alguém, olhe para a pessoa com quem está falando e, de preferência, olhe nos olhos.

Não há nada mais eficaz para a boa comunicação do que falar direcionando o olhar para os olhos do interlocutor. Quem fala olhando nos olhos mostra interesse na conversa, além de permitir que a outra pessoa seja sincera no que está dizendo, porque quem mente dificilmente consegue falar olhando nos olhos.

Não deixe as pessoas esperando ao telefone: ao tocar o telefone, procure atender ao primeiro ou segundo toque. E, depois de atender, não deixe a pessoa esperando por muito tempo, mesmo que você esteja com outros trabalhos. Se não puder resolver o problema com agilidade, anote o pedido e peça a ela que ligue mais tarde para obter uma resposta.

Seja objetivo no atendimento: tanto ao telefone como no atendimento direto, procure ser ágil e ir direto ao ponto. Não tome o tempo da pessoa nem desperdice seu tempo com conversas desnecessárias ou com burocracias que depõem contra o bom atendimento. Rapidez é sinônimo de eficácia e eficácia é sinônimo de bom atendimento. Estenda-se no atendimento apenas se a situação exigir, mas a objetividade na fala e nas ações é útil não apenas para a boa comunicação, mas para o próprio trabalho da secretaria paroquial.

Cuide da linguagem verbal: cuidar da linguagem verbal é evitar palavreados chulos, gírias ou expressões deselegantes ou de baixo calão. Não se esqueça de que você está no ambiente de trabalho e num espaço que é extensão da igreja, portanto, cuide das palavras pronunciadas porque depois de ditas não há como desdizê-las. Pense antes de falar e se mesmo assim escapar alguma palavra inadequada, peça desculpas. Seja uma pessoa espontânea, mas não permita que sua espontaneidade deponha contra a imagem da paróquia nem contra sua própria pessoa.

Não fale com a boca cheia ou mascando: já mencionamos a situação de falar mascando chiclete. Essa é uma atitude imprópria no trabalho de atendimento ao público. Evite falar e comer ao mesmo tempo, pois essa atitude não é apenas deselegante, mas também prejudica a boa comunicação e passa uma imagem de pouca seriedade no trabalho.

Use corretamente o telefone: tanto o telefone fixo quanto o telefone móvel precisam ser utilizados adequadamente no ambiente de trabalho. Quando estiver atendendo alguém e o telefone tocar, peça licença para atender e seja breve. Evite usar o telefone pessoal no ambiente de trabalho, pois problemas pessoais devem ser resolvidos fora do ambiente de trabalho. Se for algo urgente, procure atender com brevidade. Coloque o seu celular pessoal no modo silencioso ou para vibrar, evitando com isso que o som de chamadas ou mensagens particulares interfira no seu trabalho. Quando atender ao telefone da paróquia procure dizer primeiro o nome da paróquia, o seu nome e em seguida bom dia ou boa tarde. Ao atender dessa maneira, você ganha tempo e a pessoa do outro lado vai saber de imediato que ela ligou para a paróquia tal e quem é seu interlocutor. Caso contrário, a pessoa que ligou certamente perguntará se é da paróquia tal e com quem ela está falando. Exemplo de como atender ao telefone: "Paróquia São José, Maria, bom dia", ou algo similar.

Cuidado com correspondências eletrônicas: as correspondências precisam ser cuidadosamente redigidas, sejam elas correspondências manuais, digitadas ou eletrônicas. No caso de correspondências eletrônicas, cuidado com os erros e abreviaturas, como já dissemos anteriormente. Assine sempre os *e-mails* corporativos, isto é, da paróquia, por mais informal que seja a correspondência. Responda de imediato a um *e-mail* recebido. Se isso não for possível, anote para não se esquecer de dar uma resposta. Neste caso, assim que ler a mensagem, envie um comunicado de recebimento com um aviso de que enviará posteriormente uma resposta. Não use *e-mails* da paróquia para mensagens pessoais, nem envie mensagens pessoais usando o *e-mail* da paróquia.

Cuidado com as outras modalidades de correspondências: ao escrever uma carta, um memorando, um ofício ou qualquer outra correspondência, revise antes para evitar que sejam enviados com erros. Antes de o padre assinar o documento, peça-lhe para revisar e verificar se está de acordo com o que contém. Se a correspondência for enviada pelo correio convencional, procure escrever corretamente o endereço, sem se esquecer do CEP (Código de Endereçamento Postal), porque esse número é fundamental para que a correspondência chegue até seu destinatário com maior rapidez. Não se esqueça de escrever corretamente o nome e o endereço do remetente, neste caso, a paróquia. Os endereços devem estar legíveis e corretos, evitando assim o extravio ou a demora na entrega por falta de legibilidade do destinatário. Nunca abra correspondência em nome de terceiros. As correspondências da paróquia só serão abertas pelos secretários e secretárias se houver autorização do pároco. Consulte-o antes para evitar constrangimentos. Entregue imediatamente ao padre ou a quem for de direito as correspondências de cada pessoa.

Atenção com a comunicação via redes sociais: as redes sociais ganharam espaço entre os meios de comunicação e é comum que a própria paróquia tenha a sua página nelas. Porém, tenha cuidado com o que posta nessas páginas, redes e perfis. Na dúvida, consulte o padre e use o bom senso. Tenha cuidado também com a sua própria rede social ou perfil na internet. Lembre-se de que sua vida pessoal é vista por todos e não está desconectada do seu ambiente de trabalho, mesmo que você esteja fora dele. Portanto, tenha cautela com o que posta e como posta as mensagens, fotos e outras publicações. Zele pela sua imagem porque, queira ou não, ela está associada à imagem da paróquia. Os secretários e secretárias devem estar cientes dessa responsabilidade, embora nem o padre nem a paróquia devam interferir nas suas vidas pessoais. Mas ter bom senso nesse quesito ajuda.

Atenção com a comunicação gestual: nós nos comunicamos de várias maneiras, além da voz. Por exemplo, comunicamo-nos com o olhar, com a expressão do rosto, com a postura e com os gestos, entre outras formas. Eles comumente falam mais que nossa voz. Podemos, por exemplo, dizer uma coisa com a voz e nosso corpo dizer o contrário. Podemos dizer que uma conversa nos agrada, mas bocejar enquanto falamos ou nos sentar de uma maneira que demonstre cansaço, sono, preguiça ou desinteresse. Por isso, tome cuidado com os gestos, pois eles revelam os nossos verdadeiros sentimentos. Procure manter a coerência entre o que você diz e o que seu corpo diz.

CONSIDERAÇÕES FINAIS

Nestas considerações finais quero reforçar a postura profissional dos secretários e secretárias paroquiais. No decorrer deste subsídio de dicas, vimos que a postura profissional deve ser o propósito desses colaboradores missionários que atendem em nossas paróquias. Finalizando estes apontamentos, vamos então a outras dicas, agora voltadas para a postura profissional.

Quando procuram o padre: Se o horário do expediente paroquial já começou e, ao atender a um telefonema, a pessoa do outro lado da linha perguntar pelo padre, evite dizer que ele *ainda* não chegou ou que está descansando. A palavra *ainda* dá a entender que você, como secretário ou secretária, também acha que o padre já deveria ter chegado. Sem pensar, a pessoa do outro lado confirmará o que você acaba de dizer: ele *ainda* não chegou. Como secretário ou secretária, não se pode deixar transparecer que o padre está atrasado ou algo parecido. Também há casos em que procuram o padre no horário de almoço ou em dia de folga, e o secretário ou secretária diz que o padre está descansando ou passeando. Evite informações como essas, porque elas são inadequadas, uma vez que muita gente pode imaginar que o padre só dorme ou passeia. É comum as pessoas procurarem o padre e de antemão se desculparem dizendo: "desculpe, padre, por tirá-lo do seu descanso", como se o padre não fizesse outra coisa senão descansar. Portanto, secretários e secretárias, não reforcem essa ideia que já está no imaginário dos fiéis.

Atitude diante do telefone: já tratamos do telefone, mas não custa lembrar. Se o telefone da secretaria paroquial está tocando insistentemente, mas você está ocupado/a com outros afazeres, deixe os afazeres e atenda ao telefone. Deixar que o telefone da paróquia toque e não atender, ou atender e deixar a pessoa esperando do outro lado da linha, como dissemos antes, não cria uma boa imagem para a paróquia. Não custa nada parar o que está fazendo, atender e dar uma informação, ou simplesmente tomar nota de um recado. Esse gesto simples deixará a pessoa satisfeita e você terá colaborado com a imagem da paróquia, além de se revelar alguém prestativo.

Aprenda com os outros, mas seja você mesmo: você poderá aprender bastante sobre o seu trabalho simplesmente observando como os outros procedem. Preste atenção nos secretários ou secretárias de outras paróquias que são considerados competentes. Só não precisa imitar o estilo deles, comprometendo o próprio estilo, pois muitas vezes se valoriza a pessoa precisamente porque ela tem estilo. Portanto, observe, analise, mas tenha o seu estilo e o seu jeito de proceder. Além disso, você pode adquirir experiência também com os erros e acertos dos outros. Seja uma pessoa humilde, observe os que têm mais experiência, escute-os e aprenda com eles. E se porventura você tiver uma função de coordenação no trabalho, não deixe de lado os demais, inclusive os que lhe ensinaram alguma coisa, pois eles podem ser mais instrutivos do que o próprio padre.

Aprenda a gerir o tempo: a administração da agenda do padre talvez seja um dos principais desafios dos secretários ou secretárias paroquiais e exige bastante iniciativa. Estar atento à agenda do padre e acompanhá-la pode ser a chave do sucesso profissional como secretário ou secretária paroquial. Portanto:
- Nunca espere que o pároco lhe diga o que fazer, faça antes;
- Não espere que alguém lhe diga o que está acontecendo, procure descobrir por si mesmo;
- Não espere que determinada pessoa responda ao chamado do pároco, ligue antes para ela;

- Não espere a chegada de alguém para explicar como usar aquele equipamento novo, leia o manual e aprenda sozinho;
- Não espere o pároco minutar a resposta da carta que você acabou de pôr na mesa dele, passe a carta com sua minuta em anexo;
- Não deixe que o pároco lhe devolva seu trabalho com erros de digitação, faça-o perfeito; procure ir sempre além do que as suas atribuições e sua delegação permitem.

O tempo do pároco vai render muito mais se você proceder assim e você demonstrará uma postura profissional.

Lista de contatos: torne seus contatos com secretárias e secretários de outras paróquias menos impessoais, identificando-os e anotando o nome do interlocutor ou da interlocutora em cada nova situação. Associe o nome deles à paróquia ou ao padre que eles auxiliam. Lembre-se sempre de fazer isso. Não se esqueça também de que, ao falar ao telefone, você *é* a paróquia, por isso:
- Atenda rapidamente às ligações;
- Tenha sempre à mão lápis ou caneta e papel;
- Fale clara e pausadamente;
- Fale com o telefone próximo à boca;
- Repita o nome da pessoa;

- Evite expressões afetivas;
- Use o telefone para conversas curtas e relacionadas ao serviço;
- Não esqueça o telefone fora do gancho, deixando o interlocutor à espera;
- Use palavras como "bom dia", "por favor", "às ordens" etc., pois essas expressões soam positivamente e deixam o interlocutor mais à vontade.

Lembre-se:
- As seis palavras mais importantes são: admito que o erro foi meu!
- As cinco palavras mais importantes são: você fez um bom trabalho!
- As quatro palavras mais importantes são: qual a sua opinião?
- As três palavras mais importantes são: faça o favor!
- As duas palavras mais importantes são: muito obrigado(a)!
- A palavra mais importante é: nós.
- A palavra menos importante é: eu.

Saiba também que uma pessoa se considera bem recebida mesmo quando tem um *não* como resposta, se:
- Você ouve o que ela tem a dizer;
- Você explica o motivo da resposta negativa;
- Você a trata com delicadeza e respeito;
- Você a encaminha para o padre;

- Você justifica o não atendimento e se coloca à disposição para a atender em outra ocasião.

OUTRAS DICAS IMPORTANTES

Defenda seu ponto de vista: nunca diga amém a tudo o que seu o pároco disser. Não tenha receio de discutir com ele algum assunto relacionado ao trabalho e do qual você discorde, desde que, obviamente, você tenha base para isso. Lembre-se de que, para merecer respeito e ser realmente uma pessoa valiosa em sua função, é preciso saber defender com firmeza seus pontos de vista.

Postura nas reuniões: se você precisa transmitir um recado ou avisar um dos participantes de alguma reunião que tem um telefonema urgente, não entre na sala falando alto, interrompendo, assim, a reunião. Faça o seguinte: escreva um bilhete, dizendo quem está ao telefone e qual o assunto de que deseja falar, e a frase: "O senhor pode atendê-lo?". Mostre a pasta aberta e leve-a de volta. Se o recado for para um visitante, passe o bilhete (quem quer falar e com quem quer falar) para o pároco ou coordenador da reunião, e ele falará em voz alta ao interessado. Você aguarda a resposta e acompanha o visitante até o aparelho. Em ambos os casos, pode ter certeza de que você terá uma resposta imediata, e a sua eficácia será bem notada e apreciada.

DICAS PARA SECRETÁRIOS E SECRETÁRIAS PAROQUIAIS PRINCIPIANTES

- Tenha sempre à mão um bom dicionário de língua portuguesa e de outros idiomas, se for o caso, assim como uma boa gramática. Consultando-os constantemente e aprendendo a utilizar o índice remissivo, você encontrará soluções para muitos dos problemas que representam dificuldades para maioria das secretárias e dos secretários.
- Procure formar uma biblioteca particular, adquirindo livros sobre atividades que exerce. Por exemplo: *Manual da secretaria paroquial* (publicado pela editora Vozes); *Anuário católico*; *Diretório litúrgico*; *Plano Diocesano de Pastoral*; *Plano Paroquial de Pastoral*; *Bíblia Sagrada*, entre outros.
- Procure sempre adquirir novos conhecimentos e atualizar os antigos.
- Mantenha-se atento às novas tecnologias e pesquise tudo o que for útil para desempenhar melhor suas atividades na secretaria paroquial.
- Se você trabalha para a paróquia, fale bem dela e defenda-a, pois você a representa.
- Lembre-se de que um grama de lealdade vale por um quilo de inteligência.
- Se você é do tipo que gosta de reclamar, condenar e encontrar erros em tudo, é melhor abandonar a

função. Mas, enquanto você fizer parte da paróquia, não a condene nem fale mal do seu pároco.
- Procure manter com seus colegas de trabalho um intercâmbio de cópias e/ou recortes de artigos de jornais, revistas, boletins etc. sobre assuntos de interesse para sua profissão. Dicas sobre como evitar certos erros gramaticais, frequentemente cometidos, são bastante úteis e podem ser compartilhadas entre secretários e secretárias.
- Leve ao pároco somente os problemas que realmente dependem da decisão dele, poupando-o de aborrecimentos com assuntos que podem ser resolvidos por você com segurança e eficácia. Desse modo, você manterá sua postura como profissional eficiente, já que tais funções e atribuições lhe são dadas como secretária ou secretário. No entanto, é importante saber até que ponto vai seu poder de decisão, sem nunca se sobrepor ao pároco ou aos membros dos Conselhos Paroquiais.
- Se o pároco não estiver convencido de que você é de confiança e uma pessoa discreta, suas oportunidades de progredir serão mínimas.
- Não esqueça de que a primeira impressão é permanente e que uma indiscrição pode arruinar sua reputação.

Eis algumas dicas de como demonstrar que você é uma pessoa discreta e de confiança:

- Defenda a linha pastoral da paróquia.
- Apoie a linha pastoral do seu pároco.
- Seja o amortecedor de seu pároco.
- Mostre que é uma pessoa fidedigna.
- Nunca repita mexericos ou fofocas.
- A vida particular do padre é confidencial.
- Aprenda a guardar segredos paroquiais e profissionais.

Enfim, manter uma postura profissional é muito importante para a vida da paróquia.

SUGESTÕES BIBLIOGRÁFICAS DO AUTOR

PEREIRA, José Carlos. *A arte de gerir pessoas. Gerir-se bem para gerir bem os outros*. São Paulo: Ideias & Letras, 2019.

___. *A nova secretaria paroquial. Organização, técnicas e cuidados especiais na administração paroquial*. São Paulo: Catholicus, 2016.

___. *Atendimento paroquial. Guia prático para secretárias/os, padres e demais agentes de pastoral na gestão de pessoas*. Petrópolis: Vozes, 2010.

___. *Expediente paroquial. Guia prático para a formação de secretárias(os) paroquiais*. São Paulo: Paulus, 2016.

___. *Gestão eficaz. Sugestões para a renovação paroquial*. São Paulo: Paulus, 2014.

___. *Gestão paroquial. Parábolas. Secretariado paroquial, gestores paroquiais e lideranças*. Uberlândia: A Partilha, 2011.

___. *Manual da secretaria paroquial. Ferramentas para a administração paroquial*. Petrópolis: Vozes, 2010.

___. *Sacramentos. Dúvidas que o povo tem*. São Paulo: Ave-Maria, 2018.

___. *Tente ser uma pessoa melhor. Procedimentos que fazem a diferença na vida*. São Paulo: Paulus, 2016.

Edições Loyola

editoração impressão acabamento

Rua 1822 n° 341 – Ipiranga
04216-000 São Paulo, SP
T 55 11 3385 8500/8501, 2063 4275
www.loyola.com.br